ÉLOGE

DE
M. L'ABBÉ POULLE,

PRÉDICATEUR DU ROI,

Grand-Vicaire de Laon, & Abbé Commendataire de Nogent.

A AVIGNON,

Chez J. J. NIEL, Imprimeur-Libraire, rue de la Balance.

─────────────

M. DCC. LXXXIII.
Avec Permission des Supérieurs.

ÉLOGE
DE
M. L'ABBÉ POULLE.

JAMAIS les Temples du Paganifme ne retentirent de la voix de l'éloquence. Mais lors même que le defpotifme cherchoit à l'étouffer, elle fe fit entendre dans les Sanctuaires du Chriftianifme, anima les difcours de fes zélés défenfeurs, les Chryfoftôme, les Grégoire, les Bafile. Si elle n'eut pas dans leur bouche toute la force qu'on avoit admiré dans celle des Périclès, des Efchine & des Démofthène; du moins fut-elle accompagnée de cette onction touchante & irréfiftible, le défefpoir de ces miférables Sophiftes qui veulent perfuader aux autres ce qu'ils ne croient pas eux-mêmes.

Tous ces illuftres Orateurs vécurent dans ces heureux climats, où les hommes font communément doués d'une vivacité d'imagination & d'une fenfibilité d'ame, bienfaits de la nature, fans lefquels le génie même ne peut ni féduire, ni émouvoir. Elle favorifa de ces dons précieux Fléchier & Maffillon. Si le premier, en lui

A ij

préférant trop l'art, parut quelquefois ingrat envers elle, le second plus reconnoiſſant ſe montra toujours docile à ſes leçons ſalutaires. Elles firent peu d'impreſſion ſur les ſucceſſeurs de celui-ci dans la Chaire évangélique. Dépourvus de véritables talents, ils ne contribuèrent qu'à pervertir le goût du Public. Loin de les imiter, M. l'Abbé Poulle ſembla s'ouvrir une nouvelle route, en marchant ſur les traces de cet illuſtre Prédicateur, auquel il mérite d'être comparé.

La même Contrée méridionale de France, qui s'enorgueilliſſoit d'avoir vu naître les Maſcaron, les Fléchier & les Maſſillon, eut auſſi l'avantage de donner le jour à Louis de Poulle. Avignon fut ſa patrie; il y reçut une éducation honnête, au ſein de ſa famille, noble & diſtinguée dans la Robe. A peine fut-il ſorti du Collége, qu'il ſe fit aimer par la douceur de ſes mœurs & rechercher à cauſe de ſon eſprit.

Son premier goût fut celui de la Poëſie, & les ſeuls hochets de ſa jeuneſſe furent des vers. Un inſtant de réflexion lui ſuffiſoit pour en réciter d'aſſez longues tirades qu'il compoſoit ſur le champ. Il auroit été ſans doute bon Improviſateur, ſi ce métier, tant eſtimé en Italie, lui eût paru plus eſtimable. M. l'Abbé Poulle ſoumit ſes premiers eſſais au jugement de l'Académie des Jeux Floraux, cet ancien Lycée dont la gloire eſt d'avoir ſouvent encouragé les gens à talents à ſe produire ſur un plus grand théâtre. L'aventure célèbre de Damon & de Pithéas exerça d'abord ſa verve. Ce Triomphe de l'amitié étoit un ſujet digne de lui; le prix qu'on lui décerna avec juſtice l'engagea à concourir l'année suivante, où il obtint sans effort une seconde couronne. Le dévouement héroïque de Codrus pour le salut de sa patrie étoit un choix heureux après celui de Damon & de Pithéas : ni l'un ni l'autre ne pouvoient échapper à l'ame sensible & élevée de M. l'Abbé Poulle. L'ayant par-là satisfaite, il se dégoûta de la facilité de vaincre & en laissa tout le plaisir à ces athlètes, dont la foiblesse compte les frivoles victoires.

L'imagination de M. l'Abbé Poulle avoit cependant besoin d'aliments ; & pour ne pas la laisser refroidir, ou éteindre, il falloit l'exercer sur quelque grand sujet. Annibal, dont le nom seul étoit un signal d'alarme pour Rome, se présentant aux portes de cette Ville, lui fournit l'idée d'une Tragédie. Il n'en avoit lu à ses amis que le premier Acte. Ils avoient été surtout frappés de l'endroit où le héros Carthaginois racontoit que, quoique sa tête eût été mise à prix, il n'avoit pas craint de s'avancer sous les murs de ses implacables ennemis.

Destiné d'abord aux fonctions de la Magistrature, il n'entra que tard dans l'état Ecclésiastique. Sacrifiant à la rigueur de ses devoirs son goût pour la Poësie, bientôt il ne pensa plus qu'à étudier l'Art Oratoire ; & pour s'y exercer il composa plusieurs Panégyriques (a) qui furent applaudis, quoique débités dans sa patrie. Cependant il projeta de la quitter ; les succès qu'il

───────────────

(a) Ceux de Saint Augustin, de Saint Pierre Martyr, de Saint Ignace, de Saint François Xavier, &c. &c. Les Grandeurs de Jesus, le Sermon sur l'Incarnation, &c.

avoit eus aux Jeux Floraux lui avoient fait désirer de perfectionner ses talents dans la capitale, où cinq ans après (*b*) il vint demeurer. La soif des richesses n'eut aucune part à cette démarche ; le dédain de l'intrigue est trop inséparable de l'amour du repos, qui étoit chez M. l'Abbé Poulle une espèce de passion, pour qu'il y renonçât en faveur de la fortune. A peine désiroit-il un honnête nécessaire ; encore fallut-il que les efforts d'un frère tendre & les sacrifices d'une belle-sœur généreuse lui fissent entrevoir comme un acte de justice & de reconnoissance à leur égard, la demande pénible d'une pension.

Ne l'ambitionnant pas, il désespéra bientôt de l'obtenir & retourna dans sa Province, avec l'intention de s'y fixer. Mais il ne tarda pas à en être rappelé par une lettre qui, lui faisant espérer beaucoup, lui annonçoit peu, suivant le langage ordinaire des distributeurs des graces. Ils veulent toujours asservir par les illusions de l'espérance. Elles ne pouvoient séduire M. l'Abbé Poulle. Son désintéressement cherchoit à lui cacher la modicité de cette pension (*c*), lorsque ses talents vinrent lui épargner le chagrin de désirer encore. Ayant prononcé le Panégyrique de Saint Louis, devant l'Académie Françoise, ce Corps, juste appréciateur du mérite, députa M. de Boze à qui cette commission rare convenoit si bien, pour engager l'ancien Evêque de Mirepoix à donner une Abbaye à l'Orateur-

---

(*b*) En 1738.
(*c*) De 1000 livres sur l'Abbaye de l'Argentière, en 1745.

(*d*). En effet il eut celle de Nogent-sous-Coucy, qu'il a possédée jusqu'à sa mort avec les embarras de la jouissance, sans en ressentir le plaisir, laissant à son successeur celui d'en augmenter d'un tiers les revenus qui avoient même été fort diminués, les dernières années de sa vie, par l'incendie de l'Eglise.

La députation de l'Académie Françoise suffit pour montrer combien M. l'Abbé Poulle avoit su rajeunir un sujet qui paroissoit usé depuis long-temps, & réveiller l'attention de ses Auditeurs, que l'habitude rendoit difficiles. Ce Panégyrique, aussi remarquable par une heureuse division, que par la noblesse du style & la richesse des expressions, accrut la réputation de l'Orateur déjà établie sur des succès peu équivoques. Celui qu'eut le Discours destiné à être prêché devant la Reine, à la prise d'habit de Madame la Comtesse de Rupelmonde, étoit dû aux mêmes talents joints au courage d'énoncer des vérités utiles. Elles lui avoient été dictées par une piété éclairée que l'ignorance accuse & que la foiblesse méconnoît.

Dans le Sermon sur *les Devoirs de la vie civile*, prêché avec applaudissement à l'ouver-

---

(*d*) ״ Vous êtes redevable, lui écrivit à cette oc-
״ casion M. de Mirepoix, de cette marque de considé-
״ ration du Roi, à vos talents, à votre travail, mais
״ encore plus à la régularité de vos mœurs & à votre
״ conduite ecclésiastique. Il ne faut pas vous cacher que
״ l'Académie a été charmée de votre Panégyrique de
״ Saint Louis, & qu'elle m'a député M. de Boze pour
״ obtenir du Roi la grace que vous avez reçue, &c. ״
Cette lettre est datée du 8 Septembre 1748.

ture des États du Languedoc (*e*), M. l'Abbé Poulle, toujours animé des sentiments d'un Philosophe Chrétien & toujours heureux dans le choix de son sujet, s'attache à prouver que la Religion commande & perfectionne ces devoirs, & que par conséquent elle seule veille aux intérêts de la Société ; ce qui le conduit à un parallèle de l'Evangile avec les Loix humaines, dont il montre l'insuffisance. Quels coups de pinceau ! quel tableau fidelle des mœurs de tous les états ! Il sonde toute la profondeur des plaies que leur ont fait le luxe & la mollesse. Avant de peindre les vices des Grands, pour les anathématiser, il s'élève contre l'égalité des conditions, afin de renverser un système absurde & pernicieux qu'un Sophiste éloquent cherchoit alors à accréditer.

Cet homme célèbre par ses écrits & malheureux par son caractère, n'a cependant point été désigné : M. l'Abbé Poulle redoutoit toutes ces applications que l'amour-propre cherche, invente & multiplie au gré de notre malignité. Cette idée seule étoit capable de verser des calices d'amertume dans son cœur, dont la sensibilité se manifesta si bien, lorsque la charité lui inspira cette belle exhortation en faveur des Prisonniers, un des Discours les plus éloquents

---

(*e*) Ils lui en témoignerent leur satisfaction dans une Délibération du 9 Février 1764, laquelle commence en ces termes : « Mgr. l'Archevêque de Narbonne a dit,
» que M. l'Abbé Poulle ayant prêché aux États avec
» cette noble éloquence qui lui est propre & qui lui a
» acquis depuis long-temps & à si juste titre l'admiration
» de la Cour & de la Ville, il croit devoir, &c. &c. »

que notre siècle ait produit. Quel pathétique ! Quelle rapidité ! Quels mouvements ! Quelles figures ! Son imagination s'y montre partout inépuisable ; mais jamais elle ne paroît l'avoir mieux servi que dans cette admirable peroraison.

» Il me semble en ce moment entendre la voix
» de Dieu, qui me dit, comme autrefois au
» Prophète : Prêtre du Dieu vivant, que voyez-
» vous ? Seigneur, je vois, & je vois avec con-
» solation, un nombre prodigieux de Grands,
» de Riches émus, touchés pour la première
» fois, du sort des misérables. Passez à un autre
» spectacle : percez ces murs ; percez ces voûtes.
» Que voyez-vous ? une foule d'infortunés plus
» malheureux peut-être que coupables. Ah !
» j'entends leurs murmures confus, ces plaintes
» de la misère délaissée, ces gémissements de
» l'innocence méconnue, ces hurlements du
» désespoir. Qu'ils sont perçants ! mon ame en
» est déchirée ! Descendez : que trouvez-vous ?
» une clarté funèbre, des tombeaux pour habi-
» tation, l'enfer au-dessous : une nourriture qui
» sert autant à prolonger les tourments que la
» vie : un peu de paille éparse çà & là, quel-
» ques haillons, des cheveux hérissés, des re-
» gards farouches, des voix sépulcrales qui, sem-
» blables à la voix de la Pythonisse, s'exhalent
» en sanglots comme de dessous terre : les con-
» torsions de la rage, des fantômes hideux
» se débattant dans des chaînes ;...... des
» hommes..... l'effroi des hommes. Suivez
» ces victimes désolées jusqu'au lieu de leur
» immolation. Que découvrez-vous ? Au milieu
» d'un peuple immense, la mort sur un écha-
» faud armée de tous les instruments de la dou-

» leur & de l'infamie. Elle frappe : quelle
» consternation de toute part ! quelle terreur !
» un seul cri, le cri de l'humanité entière, &
» point de larmes. » Ce n'est qu'avec une vive
émotion que nous transcrivons ce morceau
frappant. Quel frémissement ne causoit-il pas ?
lorsqu'on entendoit l'Orateur prononcer avec
un geste expressif & l'accent de la passion, cet
endroit, *percez ces murs*..... il redoubloit
encore à ces mots si heureusement placés, *des
hommes*..... Nous avons souvent pris plaisir
à lui faire répéter cette exhortation, & malgré
les glaces de la vieillesse, il nous paroissoit toujours mettre plus de pathétique dans son récit.
Aussi jamais ne l'avoit-il débitée dans la Salle
du grand Châtelet, sans qu'on en eût ressenti les
effets. La première fois, ils furent prodigieux;
les Auditeurs émus descendirent en foule dans
les cachots & y répandirent d'abondantes aumônes. La diminution des quêtes étoit sensible,
quand il ne prêchoit pas : aveu qu'un intérêt
louable dicta souvent aux Administrateurs.

Personne n'ignore que cet Apôtre de l'humanité, cet excellent citoyen, cet homme
d'une vertu sublime, Saint Vincent de Paul,
fut le premier qui assura un asile aux Enfants-trouvés. Ils le dûrent à la force de son éloquence. Celle de M. l'Abbé Poulle leur obtint
des secours devenus si nécessaires dans un temps,
où la misère, le luxe & la débauche ne cessent
de faire croître rapidement le nombre de ces
innocentes victimes (*f*). Dans le Discours qu'il

(*f*) Ce nombre a presque doublé à Paris depuis
l'an 1749 ; & celui des enfants légitimes a toujours été

prononça en leur faveur, il réunit à l'onction de Massillon, à l'esprit de Fléchier, toute l'énergie de Bossuet. Peut-on méconnoître celle-ci dans ce beau passage ? » Si vous me demandez
» d'où sont venus la plupart de ces enfans qui
» peuplent le nouvel asile que nous visitons,
» je répondrai : De la hauteur de leurs châ-
» teaux menaçants, des Seigneurs insatiables
» ont fondu avec la rapidité de l'aigle sur des
» vassaux sans défense, abattus par la crainte ;
» ces tyrans altérés ont disparu tout-à-coup em-
» portant avec eux vers cette capitale, les dé-
» pouilles dégouttantes des pleurs de tant de
» misérables. Elles serviront d'ornement au
» triomphe barbare de leur luxe. Ces vassaux
» désespérés ont été forcés d'envoyer leurs en-
» fants, &c. » L'Orateur seul pouvoit surpasser ce morceau dans ce même Discours, lorsqu'il s'écrie : » Préparez-vous au plus terrible de tous
» les spectacles ; avancez & voyez : Le supplice
» affreux inventé par la cruauté des tyrans,
» d'attacher inséparablement les vivants aux
» morts ; la nécessité le renouvelle ici cons-
» tamment sous les enseignes de la miséricorde.
» Dans un même lit funèbre & au dessus gît
» un tas de malades, de mourants, de cadavres
» pêle-mêle confondus ». Jamais il n'est inutile d'énoncer des vérités importantes ; le fruit, pour n'être pas hâtif, n'en devient souvent que

---

à peu près le même dans cet espace de temps : observation affligeante pour les mœurs, que nous fournit la table de comparaison de la population de cette Ville à différentes époques. Les dernières offrent une progression frappante de désordre & de corruption.

plus assuré. Le Discours de M. l'Abbé Poulle semble avoir servi de signal aux amis de l'humanité, pour élever leur voix en sa faveur. Le jeune & vertueux Monarque qui gouverne la France l'a écouté ; il a donné des ordres pour remédier à l'abus si affreux dont ils se plaignoient. Le vœu de l'homme juste & compatissant ne périt donc pas toujours ; la crainte de l'exaucer n'appartient qu'au despotisme qui laisse tuer quand il cesse d'assassiner.

Cette stérile & fausse sensibilité que l'homme foible a si grand intérêt de faire passer pour une vertu, n'étoit pas celle de M. l'Abbé Poulle. Ce qu'il sentoit vivement, il l'exprimoit avec cet ardent & intrépide courage que l'amour de la vérité a seul la force d'inspirer, & le pouvoir de fomenter. Il étoit persuadé que » la » vérité, la triste vérité proscrite du commerce » des hommes, immolée aux égards, livrée à » l'animosité, déguisée par les uns, rejetée par » les autres, odieuse à tous, » seroit forcée de se bannir de la terre, si nos chaires ne lui présentoient pas un asile assuré, où elle jouit de tous ses droits (*g*). Quand il ajoute qu'il se trouve des Prédicateurs obligés par état de porter la vérité en droiture & sans ombre, ne se désigne-t-il pas lui-même ? Il remplit ce devoir avec éclat, devant un Prince qui eut le mérite rare de ne jamais prendre pour des outrages prémédités, les leçons des Ministres de l'Evangile. Ou il se porta à les récompenser presque sur le champ, ou il n'en laissa pas échapper

___

(*g*) *Sermon* sur la parole de Dieu.

l'occafion, quand elle lui fut offerte. Etoit-ce magnanimité, étoit-ce indifférence ? Ce premier fentiment paroît être le feul qui l'animoit, lorfqu'il fe rendit aux follicitations de l'Académie Françoife en faveur de M. l'Abbé Poulle. Le temps n'avoit encore pu effacer l'impreffion profonde que la généreufe liberté du Prédicateur avoit dû faire fur ce Prince. » Cet objet » qui raviffoit (à Dieu) vos hommages & vos » adorations, ofa dire l'Orateur, en prêchant devant lui, » cet objet de tant d'amour & de » tant de fcandales, à la lettre, il le réduit en » pouffière ; & pour ne pas perdre deux cou- » pables il facrifie l'un à l'inftruction & au fa- » lut de l'autre : ..... Et que feroit-ce fi vous » fuiviez de vos propres yeux les altérations ef- » froyables qu'éprouve cette victime dans le » myftère du tombeau ! Quelques jours aupa- » ravant, c'étoit pour vous une efpèce de Di- » vinité. Quelques jours après, voyez..... » On fait que le Roi étant malade à Metz, voulut s'y rendre digne des larmes de fes peuples & ne pas défavouer leurs vœux par fa conduite. Il ne fit cependant qu'un facrifice momentané, comme tous ceux que la crainte fuggère, à l'infçu de notre cœur. Le Miniftre de l'Evangile, après avoir reproché fa rechute au Monarque affligé de la perte récente de l'objet de fa paffion, finit par le porter à confidérer cet événement comme un moyen dont la Providence fe fervoit pour le retirer de l'abyme de fes égarements, fi funeftes au bonheur de fes fujets.

Ils auroient pu le conferver fous la garde facrée des mœurs. Malheureufement l'exemple du Prince en hâta la corruption, que l'incré-

dulité fembloit autorifer. Cette derniere avoit fait des progrès fi rapides, que M. l'Abbé Poulle crut devoir leur oppofer toute la force de fon éloquence dans fon Sermon fur la Foi. Il avoit une forte de prédilection pour cet ouvrage ; ce qui nous porte à le regarder comme fon chef-d'œuvre. Rien de plus magnifique que ce parallèle de *L'homme du temps & de L'homme de l'éternité*, qui fe trouve dans la feconde partie ; la premiere étincelle de véritables beautés. Ses fubdivifions heureufes dans lefquelles il confidère la foi, comme une lumière mêlée d'obfcurité, comme une lumière infaillible, vive & prompte... &c. & la comparaifon qu'il en fait avec la colonne éclatante & ténébreufe tout enfemble, qui conduifoit les Ifraëlites dans le défert, ne fauroient être trop admirées. Le morceau le plus frappant, fans doute, eft l'endroit où il montre que cette même foi devient encore une lumière inextinguible & pénétrante pour ceux qui cherchent à s'en dérober la vue falutaire. » Que de raifonnements cap-
» tieux ! Que de contradictions ! Que de fubti-
» lités ! Que d'indécentes railleries, au lieu
» de preuves convaincantes ! Que de mauvaife
» foi ! Que de détours ! pour n'aboutir qu'à
» ces doutes orageux, l'inquiétude de l'efprit
» & le tourment de la confcience. Mais avec
» des doutes pareils, quelle audace ! L'affu-
» rance qu'ils affectent groffit le nombre de
» leurs profélytes ; le nombre de leurs profé-
» lytes accroît à fon tour & confirme leur
» hardieffe. Héros intrépides de l'irréligion,
» tant qu'ils fe croient éloignés du terme de
» leur carrière, ils verfent avec une efpèce d'in-

» fulte & de défi, un déluge d'écrits impies, que
» des répétitions fatigantes rendent intarissables ;
» tissus artificieux d'erreurs, de calomnies, de
» travestissements. Que ne peut-on lire dans leur
» ame ! Ils en imposent au public, ils s'en im-
» posent à eux-mêmes. Attendez : aux appro-
» ches de la mort, ce moment de la terrible
» décision des doutes & des difficultés, leurs
» anciens soupçons se réveillent : leurs alarmes
» revivent avec leur incertitude. Un masque
» de philosophie semble annoncer au dehors
» le calme de leur esprit, il ne sert qu'à
» mieux cacher le trouble intérieur qui les
» agite : c'est le dernier soupir de la foi. Ah
» malheureux ! Sur le point de se plonger dans
» le gouffre effroyable de la destruction, ils
» appellent le néant, l'éternité leur répond ! »
Que cette image est forte ! Que cette pensée
est bien amenée. Mais avec quelle intonation !
avec quel geste l'Orateur savoit-il l'énoncer !
Aussi ses auditeurs n'oublièrent jamais cette
dernière phrase que tout le monde citoit, avant
même l'impression de ses Sermons.

Dans celui de la Vigilance Chrétienne, il an-
nonça sa retraite, celle d'un Apôtre que le
spectacle de la dépravation générale affligeoit.
Quoique la vie de l'homme de lettres ne soit
que dans ses écrits, ceux de M. l'Abbé Poulle
sont néanmoins trop répandus, pour nous en
permettre encore de longues citations. Après
avoir rappelé qu'il exerçoit depuis trente-cinq
ans le ministère de la parole de Dieu, il fait
mention de ses soins vigilans, de ses avis salu-
taires, de ses anciennes prédictions que l'i-
niquité avoit devancé, en se hâtant dans sa

course, & finit par menacer son auditoire des vengeances du ciel. » Quel héritage vous laif- » sons-nous, mes très-chers Frères, s'écrie-t-il » dans l'amertume de son cœur, puissions-nous » le détourner par nos vœux & nos prières ? » La manière pathétique avec laquelle l'Orateur fit ses terribles adieux, en consternant les assistans ne put les distraire entièrement de la douleur que leur causoit l'annonce de son départ prochain. *Il les toucha pour Dieu & pour lui*, comme Louis XIV le dit en pareille occasion de l'éloquent & vertueux Evêque de Tulles, Mascaron. Depuis cette époque M. l'Abbé Poulle ne revint plus qu'une seule fois à Paris, & s'il y remonta en chaire, ce fut moins pour satisfaire l'empressement du public que pour obéir à l'amitié.

L'amour de la gloire, qu'affoiblit le poids des années, vient s'évanouir dans la retraite, où faute d'énergie l'on ne désire bientôt plus d'exister hors de soi. M. l'Abbé Poulle retiré dans sa patrie sembla d'abord y oublier sa réputation & ne penser point à la justifier aux yeux de la postérité, lorsque sollicité vivement par ses parents & ses amis, il se résolut à faire imprimer ses Discours. Mais avant tout, il falloit les écrire, ne les ayant jamais confiés qu'à sa mémoire. Il n'en existoit ailleurs aucune trace : phénomène, peut-être unique dans l'histoire de la République des Lettres : exemple d'autant plus remarquable, qu'on ne doit pas s'attendre à le voir imiter. A la vérité, Bossuet assuroit n'avoir jamais écrit ses Sermons ; du moins il avoit jeté rapidement ses idées sur des feuilles volantes, remplies ensuite de ratures,

de

de renvois, de corrections & d'interlignes. M. l'Abbé Poulle n'avoit pas pris cette peine, ses organes étoient les tablettes, uniques dépositaires de ses Ouvrages. Auroit-il craint, en les conservant manuscrits, de laisser après lui des regiſtres de son amour-propre?

D'après ce que nous venons de dire, il eſt facile d'imaginer comment il compoſoit ſes Diſcours. Déterminé ſur le choix d'un ſujet, il en établiſſoit le plan dans ſa tête, & y traçoit ſes premiers linéaments, dont il travailloit à remplir les intervalles au milieu des vaines diſtractions de la ſociété, comme dans l'heureux ſilence de la retraite; laiſſant enſuite à la réflexion le ſoin d'avancer & de perfectionner ſon propre édifice. Cette manière de créer ſes Sermons l'autoriſoit à répondre ſouvent aux perſonnes qui le preſſoient de les achever; *qu'il falloit qu'ils ſe fiſſent, & qu'il ne les faiſoit pas.*

La méditation avoit d'abord tellement gravé ſes Sermons dans ſa mémoire qu'il étoit toujours prêt à les réciter. Quelquefois s'il arrivoit que l'Orateur, deſtiné à prêcher devant le Roi, manquât, M. le grand Aumônier s'adreſſoit à M. l'Abbé Poulle qui ne refuſoit jamais; & le moment qu'on l'avertiſſoit étoit le ſeul temps de ſa préparation. Il pouvoit même ſur le champ & ſans effort arracher pluſieurs parties de ſes Diſcours, pour en faire un nouveau, ou les adapter, ſuivant les circonſtances, à celui qu'il prononçoit. Il citoit avec plaiſir un exemple ſingulier de cette dernière facilité. Au milieu de ſon Sermon entra un jour dans l'Egliſe un Adminiſtrateur des finances, à qui la voix du public n'étoit pas

B

favorable. Sa préfence inattendue anime fubitement le Prédicateur qui fixe les yeux fur lui & débite avec force un morceau dont l'application étoit aifée. Elle frappa l'auditoire & troubla le Miniftre. Quoique tiré d'un autre Sermon, ce morceau parut néanmoins être à fa place.

Le zèle de M. l'Abbé Poulle n'avoit jamais eu à fouffrir du défaut de mémoire, dans les chaires de la vérité. Il ne craignoit même pas que fa complaifance fût mife à l'épreuve dans ces cercles où la curiofité indifcrète follicite, où l'oifiveté diftraite paroît écouter. Si on lui eût demandé lequel de fes Difcours étoit le meilleur, il n'auroit pu répondre, comme Maffillon, *celui que je fais le mieux*, les fachant tous également.

Reçu des mains de la nature, ce précieux avantage ne pouvoit échaper à celles du temps qui mine fourdement & détruit en filence. Ses funeftes atteintes ne fe firent d'abord pas fentir à M. l'Abbé Poulle. Trop accoutumé à décompofer fes Sermons & à les fuppléer les uns par les autres, fuivant le befoin & les circonftances, il étoit bien éloigné de s'appercevoir de ce qui lui échappoit ; fes organes étoient infidelles, à fon infçu. Il n'en fut inftruit que lorfqu'il fe détermina, après bien des irréfolutions & des perplexités, à leur redemander un dépôt qu'il n'auroit pas dû leur confier fans réferve, tant d'années. Il ne put dicter fes Difcours de fuite ; fouvent il fe vit contraint d'en abandonner un pour paffer à l'autre. Tantôt il commençoit par la peroraifon, tantôt il finiffoit par l'exorde. Ici c'étoient quelques lignes, là des pages entières qu'il faifoit laiffer en blanc.

À la première vue de toutes ces lacunes qui préfentoient, felon lui, l'image du chaos (*h*), fon courage parut s'abattre & il méditoit déjà de dévouer fes productions à l'oubli. Mais il falloit qu'elles fortiffent de fes ombres malfaifantes, l'impulfion étant donnée. Pour en accélérer l'effet, les parents de M. l'Abbé Poulle redoublèrent leurs inftances. Ce zèle ardent pour fa gloire eft d'autant plus remarquable, qu'en province, d'excellents ouvrages ne font pas des effets de valeur pour les héritiers, ou imbécilles, ou avides, & qu'un titre d'immortalité littéraire n'y trouve aucune place dans les archives ténébreufes des familles. Touché du motif noble & défintéreffé de ces follicitations preffantes, ce vieillard refpectable, avec autant de réfignation que de conftance, s'appliqua à remplir des vides & à lier des phrafes pendant l'efpace de quatre ou cinq mois, au bout defquels ce travail pénible, dont il ne fe croyoit plus capable, fut achevé.

Quoique les Sermons de M. l'Abbé Poulle fortiffent, pour ainfi dire, en pièces de fa mémoire, les différentes parties fe trouvèrent néanmoins fi bien affemblées qu'on ne s'apperçut pas de cette manière auffi dangereufe que fingulière de faire éclore un ouvrage, même en examinant les tranfitions de cet Orateur. Elles font toutes naturelles & aucune n'y eft amenée avec violence, foit par des mots parafites, foit par des phrafes fuperflues ; reffources trop ordi-

---

(*h*) *Voyez* fa Lettre à M. le Cardinal de Bernis, à la fin de cet Éloge.

B ij

naires des Ecrivains médiocres qui négligent toujours la liaison des idées.

M. l'Abbé Poulle n'ignoroit pas que c'est principalement en cela que consiste l'art d'écrire; les Ouvrages de Massillon le lui avoient appris. S'il fut quelquefois au-dessous de ce modèle, souvent aussi le surpassa-t-il. Moins élégant, il a plus d'harmonie; moins correct, il est plus énergique. S'il n'a pas autant de naturel, il l'emporte du côté de l'art par des contrastes savans & des gradations bien ménagées. L'un & l'autre admirables par la beauté de leurs plans, la noblesse de leurs exordes, & le pathétique de leurs peroraisons, ont tous deux excellé dans l'emploi des passages de l'Ecriture; & la substance des Livres saints se trouve heureusement fondue dans leurs Discours. Massillon a sans doute plus d'onction, mais il cède à M. l'Abbé Poulle ces mouvemens & cette rapidité, ressorts puissants de l'éloquence.

Habiles scrutateurs du cœur humain, ces Orateurs en ont pénétré les plus secrets replis. Il paroît seulement que le dernier a mieux connu les mœurs de son temps. Les peintures qu'il en fait, sont fortes & animées. Son imagination a presque toujours le même feu, au lieu que celui de son rival est souvent éteint, ou quelquefois semblable à un foible phosphore. La diction facile de l'un & de l'autre vient de la fécondité d'expressions, dont la nature les avoit également doués. Tantôt vif & coupé, tantôt périodique & nombreux le style de M. l'Abbé Poulle a un mérite supérieur, celui de la variété, que Massillon a trop négligé.

Mais le grand défaut de ce dernier Prédicateur eſt ſouvent la ſtérilité d'idées : s'en préſente-t-il une à ſon eſprit ; auſſitôt il la commente & la paraphraſe d'une manière propre à fatiguer ſes lecteurs, s'ils étoient moins ſéduits par ſon élocution enchantereſſe. M. l'Abbé Poulle n'encourt pas le même reproche. Il manque rarement de penſées ; & l'on s'apperçoit qu'elles ſe préſentoient ſouvent en foule à ſon imagination. Il ſait les orner de traits brillants & les lier entr'elles par une ſuite d'images toujours rapides & quelquefois aſſez fortes pour les rendre dignes de ce Maître de la chaire évangélique, l'immortel Boſſuet.

Un Orateur ne ſauroit mettre dans ſon récit, ni chaleur, ni agrément, ſans une mémoire heureuſe ; & Maſſillon l'avoit ingrate. Sa voix touchante & ſenſible ne l'en dédommageoit pas, comme ſon air modeſte & recueilli, ne le diſpenſoit pas d'avoir des geſtes (i), ces interprètes muets & univerſels de la penſée, qu'ils ne peuvent trahir ſans ceſſer d'être naturels ou énergiques.

Quels avantages au contraire ne donnoient pas ces qualités inappréciables à M. l'Abbé Poulle ? Tous ſes Sermons n'étant écrits nulle part que dans ſa tête, il paroiſſoit plutôt inſpiré que préparé aux yeux de ſon auditoire. D'abord il le prévenoit en ſa faveur par un maintien noble, un regard aſſuré ; enſuite il le charmoit par la juſteſſe du ton & la grace de l'inflexion, ou l'émouvoit par des accens paſſionnés, ſimples ou variés. Aucun Prédicateur ne l'a encore égalé

_____

(i) *Voyez* l'Éloge de Maſſillon par M. d'Alembert.

dans l'éloquence extérieure qu'il poſſédoit à un degré éminent. Elle étoit chez lui, & un don de la nature, & le fruit d'une étude approfondie qu'il ne laiſſoit jamais appercevoir. Auſſi ſon geſte expreſſif rendoit-il avec une merveilleuſe facilité, tous les ſentiments de ſon ame. Enfin perſonne n'a ſu mêler comme lui à la rapidité du débit, des ſilences toujours frappans.

Si l'on vouloit avoir une idée à peu près juſte du mérite des ouvrages de Démoſthène, il faudroit ſe former celle d'un diſcours où la Logique exacte & preſſante de Bourdaloue ſe trouvât jointe à l'élévation, & à l'énergie de Boſſuet. Mais concevroit-on l'impreſſion que ces chefs-d'œuvres inimitables d'éloquence firent autrefois chez les Grecs, ſi l'action ſupérieure de l'Orateur Athénien n'eût été retracée en partie à nos yeux par celle de M. l'Abbé Poulle? On s'eſt empreſſé avec raiſon d'adreſſer aux lecteurs de ſes Sermons cette noble exclamation que ne put retenir Eſchine, en récitant la harangue d'un rival triomphant & d'un ennemi généreux, à ſes propres diſciples tranſportés d'admiration: *que ſeroit-ce donc, ſi vous l'euſſiez entendu lui-même!*

Cette éloquence d'action qui avoit acquis tant de réputation à l'Orateur Chrétien dans les chaires de la Cour & de Paris, donnoit lieu de craindre même à ſes admirateurs, que l'impreſſion, rompant le charme, ne devînt l'écueil de ſes Sermons, comme elle l'avoit été & le ſera toujours d'une foule d'autres. Des ſuccès brillants nous entraînent, l'illuſion ſe prolonge, & malheureuſement notre amour-propre ſe livre bientôt à l'enthouſiaſme. Il conſulte peu, discute rarement après les premiers moments si dangereux de la faveur de ce public qui écoute, mais ne lit pas encore. Plus justement applaudis, les Discours de M. l'Abbé Poulle n'ont point tardé d'être mis au rang des modèles d'éloquence de la Chaire, dont notre siècle peut s'honorer.

La première édition en fut rapidement enlevée. Aussitôt il se proposa d'en donner une nouvelle, & d'y ajouter des réflexions sur sur toutes les parties de l'Art Oratoire, principalement sur l'accent & le geste. Quoique depuis le temps d'Aristote jusqu'aujourd'hui, on n'ait point encore cessé d'écrire sur cette matière & qu'elle semble avoir été épuisée, l'ouvrage dont nous parlons, le fruit de cinquante ans d'observations & d'exercice (*k*), auroit cependant plu & éclairé. C'est le jugement qu'en ont porté toutes les personnes qui l'ont entendu réciter à l'Auteur. Selon son usage, après l'avoir rédigé & fini dans sa tête, il commençoit à le dicter, lorsque ses infirmités l'obligèrent à discontinuer & à se contenter de faire précéder ses treize Sermons, les seuls qu'il avoit cru devoir publier, par une Préface d'un

―――――――――――――――――――――

(*k*) ,, Je travaille, écrivoit-il à son neveu chéri,
,, M. le Prévôt d'Orange, très-sérieusement & très-
,, assidûment au Discours promis; l'exorde général suivra
,, de bien près. Je ne puis obtenir à présent que du temps
,, ce que ma facilité me livroit autrefois sans effort &
,, sans peine. J'ai encore des idées, mais je n'ai plus de
,, pinceau ; & les idées sans couleur ne sont rien. Heu-
,, reusement j'ai pensé dans les beaux jours ; & mes
,, anciennes réflexions auront conservé quelques restes
,, de leur première parure. ,,

nouveau genre, digne d'un Orateur Chrétien. C'est un exorde général, où il considère la Religion comme un bienfait universel. » Ce » seul point de vue, dit-il, sera le jour qui » éclairera tous ces Discours, l'esprit de vie » qui les animera, & le lien qui, de tant de » parties différentes, ne fera qu'un même tout. » Par-là nous rendrons la Religion aimable & » consolante, sans l'affoiblir ni l'altérer. »

Ce plan, avoué par les principes du Christianisme, avoit depuis long-temps été tracé dans le cœur sensible de M. l'Abbé Poulle. Il se flétrissoit à la seule idée du rigorisme, si incompatible avec la douceur de son caractère. Son ame belle & sans tache se conserva dans toute sa pureté ; le lustre n'en fut jamais terni par le souffle impur & contagieux des passions étrangères. En allumant son zèle elles n'éteignirent pas sa charité. Il tonnoit contre le vice & croyoit à la vertu. Il s'élevoit contre la dépravation, & n'ajoutoit aucune foi aux propos de la médisance, regardant moins ses traits les plus acérés, comme le fruit spontané de la malice, que comme l'ouvrage inconsidéré de l'oisiveté. Il attaquoit l'incrédulité, & craignoit de défendre la Religion avec cet esprit de parti aveugle ou injuste qu'elle reprouve.

Jamais l'orgueil ne lui fit essuyer d'outrages, parce que son cœur n'en receloit pas les sentiments inquiets, farouches & oppressifs. Jamais il ne s'exposa à ces chocs de vanité qui rendent chancelant, quand ils ne renversent pas. La naïveté de son amour propre désarmoit l'envie. L'intérêt qu'il prenoit à la gloire des autres étoit si pur, si sincère qu'on ne pouvoit le regarder comme une ruſe de l'égoïſme. Peut-être accueilloit-il avec trop d'indulgence les talents médiocres, ſemblables quelquefois à ces plantes paraſites qui aiment à croître à l'abri des grands arbres. Enfin vertueux ſans oſtentation, bienfaiſant ſans effort, tolérant ſans indifférence, il vécut heureux & mérita d'autant plus de l'être que, le ſpectacle du bonheur d'autrui fut pour lui une véritable jouiſſance.

Ce Portrait fidelle trouveroit quelque incrédule, ſi nous diſſimulions l'unique défaut qu'on a reproché à M. l'Abbé Poulle, celui de la pareſſe. L'habitude de méditer cauſe une intenſité d'organes, ſuivie preſque toujours d'un relâchement proportionné. Cet effet naturel procure l'inaptitude au travail, à laquelle le commun des hommes donne injuſtement le nom de pareſſe. Il ne convient qu'au lâche penchant à ne rien faire, né d'une volonté libre & réfléchie. M. l'Abbé Poulle ne l'eut jamais. Il connoiſſoit trop pour cela l'étendue des devoirs que lui impoſoient ſes talents. C'eſt en cherchant à les développer, ou à les perfectionner par des méditations profondes & continues qu'il s'ôta d'avance le moyen d'en multiplier les fruits. Peut-être encore que ſi la nature l'eût doué d'une mémoire moins heureuſe, il s'y fût moins confié, eût écrit, & laiſſé un plus grand nombre d'ouvrages.

L'attrait de la réflexion l'emporta toujours chez lui ſur les agrémens que ſon eſprit lui eût procuré dans ces cercles étroits que notre vanité, ſans ceſſe portée à l'hyperbole, ſemble avoir voulu aggrandir, en les appelant *le monde*, dont ils ne repréſentent certainement pas l'harmonie. Créé par l'oisiveté & le luxe, ce monde auquel nos vices seuls impriment le mouvement, n'étoit pas celui qui convenoit à M. l'Abbé Poulle. Il n'eut jamais la puérile ambition d'y briller aux dépens de l'amour propre d'autrui, & préféroit souvent les sociétés où il pouvoit entendre, voir & parler, sans répandre son ame au dehors, sans interrompre ses méditations. On le voyoit, avec quelque surprise, rechercher la compagnie des personnes, dont l'inertie des facultés intellectuelles le garantissoit de toute agitation intérieure. Pour se livrer tout entier à une conversation animée, il auroit fallu remonter jusqu'à un certain point les ressorts de son esprit, ce qui lui coûtoit trop, surtout à la fin de ses jours. Il avoit alors besoin d'être remué, échauffé même par des gens qui sussent l'intéresser, en l'entretenant des objets relatifs à ses goûts, la Poësie & l'Eloquence.

Cette quiétude qui bannit de notre ame les passions orageuses, pour y laisser germer les vertus paisibles & l'en faire jouir, n'avoit jamais été altérée chez M. l'Abbé Poulle. Depuis son retour de Paris, on avoit pour lui dans le sein de sa famille, des égards & des soins, dont le contraste étoit frappant, avec les traitements qu'éprouvent ordinairement les gens de lettres en Province, où méconnus de leurs parents, quand ils n'en sont pas persécutés, ils passent sans regret des ombres de leur maison, à celles du tombeau. L'attachement d'une niece aimable & vertueuse, Madame la Marquise de Blauvac, avec laquelle M. l'Abbé Poulle passoit presque tous les étés à la campagne, ajoutoit encore à sa félicité, lorsqu'il commença à s'appercevoir de la cessation prochaine de sa vie. Il la considéra sans trouble & avec la résignation d'un vrai Chrétien, dont l'espérance affoiblit les craintes, sur le seuil même de l'éternité.

Ces derniers moments semblent avoir été prolongés pour lui donner la satisfaction d'apprendre qu'on venoit d'accorder à un de ses neveux (*l*), l'objet de sa vive tendresse, le zélateur de sa gloire & l'éditeur de ses Sermons, une pension sur l'Abbaye dont la possession, plutôt que la jouissance entière alloit lui être ravie. A la lecture de la Lettre de M. l'Evêque d'Autun qui annonçoit cette grace du Roi, M. l'Abbé Poulle manifesta sa joie par les premieres paroles du Cantique du vieillard Simeon, & deux jours après il expira comme lui plein de vertus & d'années. (*m*)

───────────────────────────

(*l*) M. l'Abbé Poulle, Prévôt d'Orange & Grand-Vicaire de Saint-Malo. C'est en grande partie à l'amitié qu'avoit pour lui son oncle, que le Public doit les Sermons de celui-ci. On ne lit pas sans attendrissement tout ce qu'il lui écrivoit à ce sujet. Dans une de ses lettres il lui marquoit : » Je n'ai fait ce travail que » pour vous. Profitez-en si vous le pouvez. Voilà tout » ce que vous aurez de moi....... Dans une autre, en parlant de sa seconde édition » quand elle sera une fois » en train, il ne nous restera plus qu'à jouir l'un & » l'autre; &c. &c.

(*m*) Il est mort le 8 Novembre 1781, âgé de 79 ans.

LETTRE

DE M. L'ABBÉ POULLE

A

Mgr. LE CARDINAL DE BERNIS,

En lui envoyant la première Édition de ses Ouvrages.

Monseigneur,

» Quand je pris la liberté d'annoncer à votre
» Eminence que j'étois fur le point de livrer
» mes Sermons au public, je croyois que ma
» mémoire toujours fi fidelle, me rendroit exac-
» tement ces dépôts que je lui avois confiés.
» Mon attente a été trompée : en les dictant au
» Copifte je me trouvois arrêté à chaque pas,
» & je ne pus avancer qu'à la faveur de plu-
» fieurs vaftes lacunes qui préfentoient l'image
» du chaos. Cette efpèce d'inventaire ne fervit
» qu'à me montrer à découvert toute ma pau-
» vreté : j'en fus fi confus que je renonçai pour
» toujours à l'idée de me produire au grand
» jour. Mes parents & mes amis ne purent
» confentir à cet abandon de ma part ; ils n'ont

» cessé de me persécuter sans égard pour ma
» vieillesse ; & pour me délivrer de leurs im-
» portunités, j'ai été forcé de sacrifier quatre
» ou cinq mois au travail pénible autant que
» désagréable de remplir des vides & de lier
» des phrases. Mon neveu, Prévôt d'Orange,
» a porté l'Ouvrage ainsi terminé à la capitale.
» Malgré son zèle & les lumières des per-
» sonnes éclairées qui ont bien voulu se char-
» ger de la correction des épreuves, il s'y est
» glissé beaucoup de fautes graves auxquelles
» mon éloignement ne m'a pas permis de
» remédier.

» J'ai voulu du moins, Monseigneur, les
» faire disparoître en partie de l'exemplaire
» que je destinois à Votre Éminence ; j'ai
» mieux aimé blesser légèrement votre vue que
» d'offenser votre goût.

» En vous offrant, Monseigneur, ces essais
» imparfaits, je ne suis pas assez vain pour
» ambitionner votre suffrage, mais je compte
» sur vos bontés. Votre Éminence m'y a telle-
» ment habitué & depuis si long-temps, que je
» ne puis ni en douter, ni m'en passer, &c. »

Cette lettre, dont une copie écrite de la main de M. l'Abbé Poulle nous est parvenue par un heureux hasard, confirme ce que nous avons dit sur l'état où ses Sermons se trouvoient, quand il entreprit de les publier. En faisant l'éloge de sa modestie, elle prouve encore qu'il avoit pour amis des personnes aussi distinguées par l'éminence de leur rang, que par la supériorité de leur esprit.

Les fautes d'impreſſion, dont M. l'Abbé Poulle ſe plaint avec raiſon dans ſa Lettre, ont été corrigées dans la ſeconde Édition de ſes Ouvrages. Nous allons donner la liſte de ceux-ci, dans laquelle ſeront compris ſes premiers eſſais qu'il n'avoit pas jugé dignes de revoir le jour.

CATALOGUE
DES OUVRAGES
De M. l'Abbé POULLE.

I. LE TRIOMPHE DE L'AMITIÉ, ou DAMON ET PITHÉAS; Poème qui a remporté le Prix, au jugement de l'Académie des Jeux Floraux en l'année M. DCC. XXXII, *imprimé dans le Recueil de cette Académie la même année.*

II. CODRUS..... Poème qui a remporté le Prix au jugement de l'Académie des Jeux Floraux en l'année M. DCC. XXXIII, *imprimé dans le Recueil de cette Académie la même année.*

III. PANÉGYRIQUE DE S. LOUIS, prononcé dans la Chapelle du Louvre, en préfence de MM. de l'Académie Françoife, le 25 Août 1748, Paris, *in*-4°. même année.

IV. DISCOURS fur la Prife d'habit de Madame la Comteffe de Rupelmonde, Paris 1752, *in*-12.

V. SERMONS de M. l'Abbé POULLE, Prédicateur du Roi, &c. Paris, 1778, 2 vol. *in*-12. Le premier contient les Difcours fuivans :

1. SERMON fur la Foi.

2. SERMON sur les Devoirs de la vie civile.

3. EXHORTATION sur l'Aumône.

4. EXHORTATION faite à l'occasion d'une Assemblée de charité en faveur des Enfans-trouvés.

5. SERMON sur le Service de Dieu.

6. SERMON sur la Parole de Dieu.

7. PANÉGYRIQUE de Saint Louis.

Les DISCOURS contenus dans le second Volume sont :

1. SERMON sur les Afflictions.

2. SERMON sur la Vigilance Chrétienne.

3. HOMÉLIE sur l'Enfant Prodigue.

4. SERMON sur l'Enfer.

5. SERMON sur le Ciel.

6. DISCOURS sur la Prise d'habit de Madame la Comtesse de Rupelmonde.

VI. SERMONS de M. l'Abbé POULLE, Prédicateur du Roi, &c. Seconde Édition, (*augmentée d'un Exorde général sur la Religion Chrétienne, considérée comme un bienfait universel*) Paris, 2 vo 1781.

FIN.

www.ingramcontent.com/pod-product-compliance
Lightning Source LLC
Chambersburg PA
CBHW060911050426
42453CB00010B/1649